Aakanksha Sharaff
Swati Soni

Extração de opiniões utilizando a correspondência de léxicos baseada no modelo oculto de Markov

Aakanksha Sharaff
Swati Soni

Extração de opiniões utilizando a correspondência de léxicos baseada no modelo oculto de Markov

Ilustrações e conclusões

ScienciaScripts

Cover image: www.ingimage.com

This book is a translation from the original published under ISBN 978-620-2-08049-1.

Publisher:
Sciencia Scripts
is a trademark of
Dodo Books Indian Ocean Ltd. and OmniScriptum S.R.L publishing group

120 High Road, East Finchley, London, N2 9ED, United Kingdom
Str. Armeneasca 28/1, office 1, Chisinau MD-2012, Republic of Moldova, Europe
Printed at: see last page
ISBN: 978-620-7-95696-8

ÍNDICE DE CONTEÚDOS

RECONHECIMENTO

Graças a Deus

1. Introdução

Atualmente, a *World Wide Web (WWW)* é conhecida como um grande reservatório de informação que está a aumentar a uma velocidade muito elevada. A WWW é constituída, na sua maioria, por documentos da Web que podem estar numa forma semi-estruturada ou não estruturada, o que torna a recuperação da informação uma tarefa muito difícil. Além disso, existem vários sítios Web na Internet com um grande número de produtos disponíveis para negociação. Para conhecer o produto, o vendedor ou o fabricante pede frequentemente aos seus clientes que partilhem as suas opiniões e experiências sobre os produtos que compraram. Infelizmente, é uma tarefa muito complicada analisar todos os comentários e decidir se o produto está à altura do nível de satisfação do cliente ou não. O principal problema com estes comentários de avaliação é gerir todos esses comentários e criar uma forma resumida e significativa de avaliação, quer represente um sentido ou feedback positivo sobre o produto, quer seja negativo ou neutro. Assim, a principal tarefa é construir um dicionário de entidades a partir destas avaliações. Este livro centra-se na criação de um modelo de correspondência de léxico utilizando o modelo de Markov oculto (HMM) e o agrupamento Fuzzy K-Means. O léxico pode ser considerado como um dicionário de entidades de uma determinada (ou particular) classe, por exemplo, uma lista de lugares ou alguns nomes de empresas. Cada elemento do léxico comporta-se como uma forma de superfície de uma entidade. Os léxicos são geralmente uma coleção de bases de dados estruturadas e estas bases de dados são constituídas por entidades. No entanto, quando estes léxicos são utilizados para efeitos de marcação de consultas, a sua cobertura é muito limitada. Também tem uma cobertura limitada quando utilizado com as formas superficiais das entidades nas consultas dos utilizadores. Estas são, na sua maioria, diferentes das suas formas normais na base de dados estruturada. Para resolver este problema, foi proposto um modelo generativo que pode ser utilizado para a correspondência de léxicos e uma espécie de sistema de recomendação que utiliza HMM. O trabalho foi realizado com os léxicos descarregados do conjunto de dados da Reuter e o sistema foi treinado utilizando HMM e uma abordagem difusa para extrair a sugestão mais próxima, relacionada com a consulta de entrada. As sugestões assim obtidas são calculadas a partir da probabilidade de emissão e de transição derivada do HMM e da técnica de agrupamento K-Means. Os resultados indicam que o sistema HMM treinado é muito promissor na realização das tarefas pretendidas e alcançou a máxima precisão e exatidão possíveis no caso do Lexicon Matching. O desempenho do HMM foi também comparado com a abordagem difusa, tendo-se verificado que o HMM tem um melhor desempenho do que a abordagem difusa.

1.1 Introdução à extração de opiniões

A prospeção de opiniões, uma área em expansão da recuperação de informação, preocupa-se sobretudo com a ideia dos utilizadores. O objetivo deste estudo é analisar artigos para saber o que pensam as outras pessoas.

Atualmente, um grande número de sítios Web permite que os utilizadores publiquem artigos ou comentários nos quais podem exprimir as suas ideias ou opiniões sobre determinadas pessoas, empresas, produtos, etc. Por exemplo, os utilizadores dos sítios de marketing em linha Amazon, eBay, Flipkart, etc., publicam comentários sobre os produtos que compraram ou os utilizadores publicam comentários que descrevem as suas experiências com vendedores/fornecedores e o produto que estão a utilizar. O objetivo do sistema de extração de opiniões é identificar os segmentos de texto que exprimem bem as opiniões, determinar a polaridade e medir a força das opiniões expressas. O rápido crescimento do número de comentários de clientes deu origem a vários problemas interessantes de extração de opiniões. As investigações anteriores centraram-se principalmente na avaliação da polaridade das opiniões: positivas ou negativas. Alguns sistemas de extração de opiniões não conseguem captar o significado pragmático das opiniões dos clientes. Por exemplo, um "*filme excelente*" é melhor do que um "*filme bom*". Alguns investigadores propuseram uma aproximação difusa para avaliar esses segmentos de sentimentos, a fim de estimar a intensidade da polaridade da opinião. A análise automática de sentimentos ou a extração de opiniões de comentários de clientes tem sido um objetivo de investigação há mais de cinco décadas.

1.2 Definição de Opinião

A palavra Opinião refere-se a Predileção, Emoção, Sentimento refinado ou Idealismo emocional. As duas afirmações extraídas do conjunto de dados "amazon.com" (comentários em linha dados pelo cliente) são apresentadas para o feedback sobre os computadores portáteis da Dell e uma comparação do computador portátil da Dell com o computador portátil de outra empresa é apresentada na Figura 1.1.

Opinião positiva: *Não há garantias de que o serviço de apoio ao cliente de qualquer outra empresa seja melhor e, tendo em conta a nossa experiência recente, pelo menos temos alguma confiança de que a Dell, se necessário, voltará a funcionar.*

Opinião negativa: *Experimentei esta marca na loja e fiquei desiludido com a duração da bateria deste portátil: além disso, o que se vê no LCD (sem visor ótico) não é o que se obtém - nem sequer no que diz respeito à cor: o rendimento foi inferior ao que eu esperava.*

Figura 1.1 Comentários sobre os aparelhos electrónicos da Amazon.com

Representa a polaridade da opinião. A primeira frase da crítica indica claramente uma opinião positiva sobre o portátil Dell, enquanto a segunda, apesar de comparar o Dell com a imagem positiva de outro item, transmite negatividade sobre a qualidade do Dell. Basicamente, este trabalho centrou-se na análise sentimental deste tipo de informação em qualquer texto.

1.3 Diferentes níveis de extração de opiniões

1.3.1 Nível do documento

Este nível classifica se todo o documento exprime uma opinião negativa ou uma opinião positiva. Por exemplo, para qualquer avaliação de um produto, o sistema determina se o feedback expressa um sentimento global bom ou mau sobre o mesmo. Este processo é normalmente conhecido como análise de sentimento ao nível do documento. Este tipo de análise pressupõe principalmente que cada documento exprime uma opinião sobre uma única entidade (por exemplo, um único produto). Por conseguinte, não é aplicável a documentos que avaliam ou comparam várias entidades.

1.3.2 Nível da frase

Este nível pertence às frases e determina se cada frase exprime uma opinião positiva, negativa ou neutra. Neutro significa geralmente ausência de opinião. Este nível de análise está intimamente relacionado com a análise e classificação da subjetividade, que distingue as frases chamadas frases objectivas, que exprimem informações factuais, das frases chamadas frases subjectivas, que exprimem pontos de vista e opiniões subjectivas.

No entanto, deve notar-se que a subjetividade não é equivalente ao sentimento, uma vez que muitas frases objectivas podem implicar opiniões, por exemplo, *"Alguém comprou a máquina fotográfica no mês passado e a lente ficou corrompida"*. Os investigadores também analisaram as cláusulas, mas o nível da cláusula por si só ainda não é suficiente, por exemplo, *"a maçã está a sair-se muito bem nesta péssima economia"*.

1.3.3 Nível de entidade e aspeto

Tanto a análise ao nível do documento como ao nível da frase não descobrem o que as pessoas gostaram e não gostaram. O nível de aspeto efectua uma análise mais fina. O nível de aspeto era anteriormente designado por nível de caraterística *(extração e resumo de opiniões com base em características)*. Em vez de analisar as construções linguísticas, o nível de aspeto analisa diretamente a opinião em si.

Por exemplo, "Embora o serviço não seja assim tão bom, continuo a adorar o restaurante". Tem claramente um tom positivo, mas não podemos dizer que esta frase é totalmente positiva. De facto, a frase é positiva sobre o restaurante *(enfatizada)*, mas negativa sobre o serviço *(não enfatizada)*. Em muitas aplicações, os alvos de opinião são descritos pelas entidades e/ou pelos seus diferentes aspectos. Assim, o objetivo deste nível de análise é descobrir o sentimento sobre as entidades e/ou os seus aspectos.

1.3.4 Opinião regular

Este tipo exprime um sentimento apenas em relação a uma entidade específica ou a um aspeto de uma entidade, por exemplo, *"A Coca-Cola sabe muito bem"*, o que exprime um sentimento positivo em relação ao aspeto *sabor* da Coca-Cola.

1.3.5 Parecer comparativo

Este tipo de nível compara várias entidades com base em alguns dos seus aspectos partilhados. Por exemplo, *"A Coca-Cola sabe melhor do que a Pepsi"*, que compara o sabor (aspeto) da Coca-Cola e da Pepsi e exprime uma preferência pela Pepsi em relação à Coca-Cola.

1.4 Aplicação da extração de opiniões

Existem inúmeras aplicações para a análise semântica. É sobretudo utilizada em respostas a inquéritos, no acompanhamento de críticas de clientes nas redes sociais, em concorrentes de produtos e mercados, etc. É também prática para utilização em análises empresariais e também em situações em que é necessário analisar texto. Devido à sua elevada eficiência e utilidade, a extração de opiniões tem uma grande procura.

Milhares de documentos de texto, bem como de imagens, podem ser processados para se ter uma ideia das suas emoções em segundos, o que anteriormente exigia uma equipa de pessoas para o fazer manualmente. Por ser tão eficiente e preciso, muitas empresas estão a adotar o sistema de extração de opiniões. Algumas das vantagens são enumeradas a seguir.

1. *Identificação dos parâmetros de satisfação dos clientes*
2. *Identificar detractores e promotores*
3. *Promoção do produto*
4. *Previsão*
5. *Proteção*

1.5 Correspondência de léxico

Os léxicos são fontes importantes para efeitos de etiquetagem semântica. De facto, os léxicos recolhidos a partir de bases de dados de entidades sofrem geralmente de vários problemas, como a ambiguidade, a cobertura limitada e a falta de importância relativa. Um léxico pode ser considerado como um dicionário de entidades de uma determinada classe, por exemplo, uma lista de nomes de produtos ou nomes de empresas ou nomes de títulos de filmes, etc. Cada elemento de um léxico é uma forma superficial de uma entidade. Os léxicos são colecções de entidades obtidas a partir de uma base de dados estruturada de entidades. Estes léxicos têm uma cobertura muito limitada quando são utilizados para efeitos de marcação de consultas, por exemplo, o filme intitulado "O Anjo veste Prada" é frequentemente introduzido como "Anjo que veste Prada" ou "O Anjo de Prada" nas consultas dos utilizadores. Assim, todos os elementos de um léxico são tratados da mesma forma, apesar de algumas formas de superfície serem mais populares e ambíguas do que outros léxicos. Por exemplo, "Food Court" tem menos probabilidades de ser utilizado como nome de restaurante do que "McDonald's". Este estudo centra-se na melhor forma de utilizar léxicos pré-colectados utilizando uma abordagem difusa e HMM, e na forma como estes léxicos podem ser automaticamente expandidos. Na abordagem difusa, foi utilizado o método de agrupamento K-means e comparado com o modelo HMM no que respeita a determinadas quantidades, como o tempo de formação, o tempo de pesquisa de léxicos, a precisão, a exatidão e as medidas F. Esta comparação mostrou também que o nosso modelo proposto é muito melhor do que a abordagem difusa em todos os aspectos.

1.6 Aplicação do Fuzzy Lexicon Matching

O Fuzzy Lexicon Matching é aplicável no domínio dos mecanismos de correção ortográfica em ambientes famosos de processamento de texto. Trata-se de um processo muito interativo em que o sistema gera uma lista de candidatos à correção e o utilizador tem de selecionar o melhor. As outras aplicações da correspondência de léxicos são as seguintes

1.6.1 Pesquisa baseada em consultas

Como sabemos, uma grande parte de cerca de 10-15% das consultas de pesquisa contém erros. Os utilizadores actuais dos motores de pesquisa estão familiarizados com este tipo de problemas. Por exemplo, uma pesquisa no Google por "holidy" pressupõe que estamos à procura de "holiday" e, na realidade, o resultado que nos é apresentado é "Holiday". Esta forma de correção não pode ser resolvida, pois apenas aborda um lado da pesquisa. A coleção de documentos para pesquisa também conterá erros. Além disso, este tipo de erros não pode ser corrigido por um mecanismo interativo de correção ortográfica.

1.6.2 Classificação de documentos

Todos os utilizadores da Internet estão familiarizados com a corrida ao armamento entre o spam e a filtragem de spam para encontrar formas novas e criativas de escrever deliberadamente palavras erradas e apanhá-las mais tarde.

1.6.3 Processamento de linguagem natural

Muitos sistemas podem analisar corretamente muitos documentos utilizando uma gramática ambígua - mas atualmente todas as formas de palavras encontradas têm de corresponder exatamente ao seu léxico. Ser capaz de processar a linguagem natural suportando erros seria também benéfico para a tradução automática de documentos, que falha gravemente na sua presença.

1.6.4 Bio-informática

O programa blast permite procurar uma sequência biológica num genoma. Esta ferramenta também tem de lidar com o problema de determinar se duas sequências de ADN são semelhantes.

Uma caraterística partilhada com uma correção ortográfica é o facto de, nesta aplicação, algumas diferenças na sequência serem provavelmente menos importantes do que outras.

2. Revisão da literatura

A extração de opiniões é uma área de investigação recente e muitos investigadores têm-se concentrado nela nos últimos anos. A maior parte deste trabalho tem-se concentrado na previsão da opinião associada a uma frase. Algumas outras áreas também incluem a extração automática das características do produto a partir de comentários de críticas, a sumarização de críticas e a atribuição de pontuações resumidas a produtos com base nas críticas dos clientes. Foi feito um pequeno trabalho para melhorar a precisão do sistema na avaliação do sentimento (comentário positivo ou negativo) sobre o comentário da crítica. Assim, o presente estudo foi motivado pelo facto de melhorar o desempenho da análise automática do sentimento através do modelo proposto.

2.1 Trabalhos relacionados com a extração de opiniões

Minqing e Liu propuseram uma técnica para a extração e sumarização de comentários online feitos por potenciais clientes na Web. A sumarização baseia-se em métodos de extração de dados [1] e de processamento de linguagem natural. Os resultados obtidos com esta técnica são muito bons e práticos. Obtiveram uma precisão muito boa no caso da orientação de frases utilizando a WordNet. Zhai e Liu et al. centraram-se na agregação ou agrupamento de sinónimos de qualquer produto disponível na Web. Esta tarefa é realizada através de um método de aprendizagem semi-supervisionado [2] e adaptou o algoritmo EM baseado em Bayesian ingénuo. O principal objetivo desta investigação é analisar e resumir os sentimentos dos comentários dos clientes.

Eirinaki e Pisal propuseram dois novos algoritmos de extração de opiniões [3] para desenvolver um motor de pesquisa de opiniões para especificar a opinião negativa ou positiva sobre o comentário de revisão, bem como atribuir pontuações a características específicas de um determinado produto. O primeiro algoritmo é o HAC (High Adjective Count Algorithm), no qual os substantivos com maior número de comentários são extraídos como características importantes e distintivas do produto e, com base nessa contagem, a pontuação do substantivo é aumentada em 1 e, após o processamento da recolha de dados, é atribuída a cada substantivo uma pontuação de opinião. O segundo algoritmo é o algoritmo de pontuação máxima de opinião, que classifica as características extraídas utilizando as pontuações de opinião atribuídas ou obtidas na etapa anterior [3].

Kar e Mandal utilizaram a lógica difusa para analisar e identificar o sentimento no comentário de revisão para lhe atribuir uma pontuação que ajuda na tomada de decisões sobre o produto. Este artigo introduziu um FOM (Fuzzy Opinion Miner) [4], que é um sistema supervisionado de deteção de orientação de opinião que explora os comentários de revisão para criar um conjunto de características importantes do produto, a sua avaliação pelos revisores e a importância/força global das revisões.

Ana-Maria et al. introduziram o OPINE [5], que é um sistema de extração de informação não supervisionado que explora as avaliações para construir um modelo de características importantes do produto com a sua avaliação pelos consumidores ou avaliadores e também a sua qualidade relativa entre os produtos. O sistema OPINE deu uma precisão na extração de características 22% superior, com apenas menos 3% de Recall do que outras técnicas [5]. No caso da extração de frases de opinião, o OPINE obteve 79% e 6% de precisão e de recuperação, ao passo que, no caso da determinação da polaridade de frases de opinião no contexto de características e frases conhecidas, obteve 86% e 89% de precisão e de recuperação.

Aravindan e Ekbal concentraram-se num sistema que extrai automaticamente todas as características do produto das opiniões dos clientes em linha e identifica se são positivas ou negativas. Utilizaram a extração de regras de associação [6] e a aprendizagem automática supervisionada para concluir a sua tarefa com êxito. Indhuja e Reghu Raj realizaram a sua tarefa de análise de sentimentos utilizando a lógica difusa [7]. O seu objetivo é extrair as características e determinar a polaridade positiva e negativa do comentário de revisão, bem como a neutralidade. A classificação do sentimento baseada em características aplicada nesta tarefa inclui o pré-processamento da extração de características e descritores com a marcação da sua polaridade. Jian Zhu trabalhou no problema da análise de sentimentos e obteve uma maior precisão quando o método do campo aleatório condicional e o método da cadeia de alta frequência local [8] são combinados. Este método também resolve eficazmente o problema da regressão ordinal. Os resultados assim obtidos são muito melhores do que os resultados do HMM (Hidden Markov Model) e do MEMM (Maximum Entropy Markov Model).

2.2 Classificação do sentimento e técnicas de avaliação da força

Liu e Hu et al. desenvolveram um protótipo de sistema denominado Opinion Observer [9]. O seu trabalho está relacionado mas é bastante diferente da classificação de sentimentos [9]. Apenas classificaram o comentário como positivo ou negativo, mas não identificaram as características do produto. Os resultados obtidos com esta técnica são muito bons e práticos. Hu e Wu desenvolveram um algoritmo de pontuação e um classificador de peso de frases para classificar os sentimentos dos comentários dos clientes em conjuntos de prós ou contras e, em seguida, resumir uma lista de prós e contras com base nesses conjuntos classificados [10]. A técnica simples utilizada para a classificação consiste em calcular o peso ou a força da frase. O peso da frase foi calculado da seguinte forma

$$\text{Ponderação da frase(s)} = \sum \text{Score}\,(t^i\,,\, s)$$

Onde t^i é a palavra i^{th} na frase "s". Para a sumarização, foram extraídas duas listas de frases-chave, da lista de prós e da lista de contras, separadamente. Para tal, seleccionaram a palavra mais frequente como palavra tropical. Para cada palavra tropical, extraíram a coleção pré-termo e pós-termo. O termo mais importante no pré-termo e no pós-termo tem o valor mais elevado x.

Karkare e Gupta [11] propuseram uma abordagem para encontrar os comentários positivos e negativos de qualquer produto ou das suas características, e também para os classificar. A abordagem proposta também avalia o grau de comparações para um produto específico e as suas características. Numa investigação, Juergen Bross [12] descreveu uma abordagem de supervisão à distância para detetar os vários aspectos do produto mencionados nos comentários online dos clientes. A principal vantagem deste método proposto é o facto de resultar numa elevada precisão da abordagem supervisionada e também de evitar o elevado custo da etiquetagem manual do conjunto de treino.

Nithya e Maheshwari propuseram que as características mais identificadas fossem classificadas utilizando o método de aprendizagem supervisionada [13], ou seja, Naive Bayes, e determinaram a sua distribuição de polaridade positiva, negativa e neutra. Mouthami e Nirmla Devi trabalharam com um novo algoritmo denominado Sentiment Fuzzy Classification Algorithm [14], no qual as etiquetas de partes do discurso são utilizadas para melhorar a precisão da classificação do sentimento no conjunto de dados de críticas de filmes. Neste sistema, é utilizada a classificação do sentimento ao nível do documento, que determina se o comentário é de natureza positiva, negativa ou neutra. Priyanka e Gupta investigaram diferentes características, como características baseadas em POS, características de N-gramas e características baseadas no léxico SentiWordNet [15]. O classificador SVM foi utilizado para classificar as críticas em classes positivas e negativas, a fim de identificar a melhor combinação de características. Obteve-se uma precisão muito satisfatória para conjuntos de dados pequenos e grandes, respetivamente.

2.3 Sumarização de opiniões

Wei e Ren et al. abordaram o trabalho sobre fragmentos de texto de produtos, tendo demonstrado que a geração de fragmentos de texto de produtos [16] pode beneficiar das opiniões dos clientes em linha. Foi concebido um método para identificar as características e as opiniões/sentimentos das críticas online dadas pelos clientes e recomenda pares de características/opiniões para a geração de fragmentos de texto. Foram realizadas duas experiências para verificar a exatidão do método e os resultados mostraram que as características extraídas e, com base nas características extraídas, o fragmento gerado eram muito eficientes e precisos. Para qualquer produto selecionado, os textos das resenhas correspondentes são rastreados e armazenados numa coleção. O texto é analisado utilizando a ferramenta NLP, que inclui a análise e a etiquetagem da parte do discurso. Além disso, os substantivos são extraídos como características candidatas e, para cada substantivo, o adjetivo mais adjacente, se presente, é extraído como a opinião correspondente na crítica. Em seguida, as características de topo definem um excerto recomendado para o produto escolhido.

Li e Hen et al. centraram-se principalmente na sumarização de críticas de clientes com base em características de objectos, com a ajuda de um quadro de aprendizagem automática baseado em CRF [17], ou seja, Conditional Random Fields (campos aleatórios condicionais). A precisão global, a recuperação e a medida F para o conjunto de dados de críticas de filmes foram bastante melhoradas em comparação com as medidas de desempenho registadas para outros.

2.4 Extração de características e classificação de produtos

Liu e Hu [18] et al. desenvolveram um protótipo de sistema denominado Opinion Observer. O seu trabalho está relacionado mas é bastante diferente da classificação de sentimentos. Limitaram-se a classificar o comentário como positivo ou negativo e não identificaram as características do produto. Com a ajuda do sistema Opinion Observer, um fabricante pode comparar a opinião dos clientes de várias fontes para classificar o seu produto em relação aos produtos dos seus concorrentes. A arquitetura do sistema de observação de opiniões é descrita a seguir.

2.4.1 Fontes de revisão

Estas páginas Web contêm as críticas dos produtos em que o utilizador está interessado. Os URLs para a página de entrada das fontes são fornecidos pelo utilizador [18].

2.4.2 Rever a extração

Este método extrai todos os comentários de revisão dos URLs fornecidos e coloca-os na base de dados [18].

2.4.3 Base de dados

Esta base armazena tanto as avaliações em bruto como as avaliações processadas. Utilizaram o MySql para a gestão da base de dados [18].

2.4.4 Processamento automático de revisões

Este componente efectua automaticamente o processamento da revisão para produzir os resultados. Para a etiquetagem, utilizou-se o método manual e o método semi-automático de etiquetagem. Com a ajuda da interface visual, o consumo de tempo do método manual tornou-se muito menor. No caso do agrupamento de sinónimos, foi possível obter 52% de recuperação e 100% de precisão [18].

Shariaty e Moghaddam [19] propuseram um novo método para extrair as opiniões dos utilizadores, que também visava extrair um nível mais fino de informação que indica a utilização do tipo de aspeto. A exatidão do método proposto é avaliada utilizando um conjunto de dados reais do site Epinions.com. A técnica utilizada para realizar a tarefa acima referida é a CRF, ou seja, Conditional Random Format (formato aleatório condicional). Rustamov e Musatafyev [20] et. al. utilizaram HMM para a sua análise da subjetividade ao nível das frases. Também utilizaram um algoritmo de extração de características que calcula o vetor de características com base nas ocorrências estatísticas de palavras num corpus sem qualquer conhecimento linguístico, exceto a tokenização [20]. Descobriram que o HMM com dois estados avalia o melhor resultado para o seu conjunto de dados. O conjunto de dados não continha um número suficiente de amostras de treino. Por isso, a precisão alcançada neste trabalho é aproximadamente inferior aos resultados do estado da arte [20]. Neste sistema, foram consideradas três questões na avaliação das pontuações dos produtos:

1) Avaliações de produtos
2) Mês de lançamento do produto e
3) Popularidade do produto.

Para eliminar o problema da determinação de críticas de baixa qualidade, Jianwei Wu et al. consideraram este problema como uma tarefa de classificação e propuseram um método de classificação baseado na análise de ligações [3]. Este método proposto não requer qualquer conhecimento do domínio e dados de treino. Os resultados experimentais indicaram que a abordagem proposta foi muito eficaz em

(1) Avaliação de um desempenho comparável com o método de regressão SVM (Support Vetor Machines)

(2) E é também independente do domínio.

No quadro seguinte, é apresentada uma breve descrição de cada investigação, que inclui o nome do autor e o número de referência, o ano em que o trabalho foi efectuado, a técnica e o método utilizados e os resultados obtidos.

Quadro 2.1 Breve comparação de várias investigações e métodos no domínio da análise de sentimentos em formato tabular

S.No	AUTHOR	YEAR	TASK	TECHNIQUE	RESULT
1	Hu and Liu	2004	Summarization of opinion	WordNet & Natural Language processor tool	84% Accuracy in sentence orientation & Recall 69.3% and Precision 64.2%
2	Zhai and Liu et al.	2011	Sentiment Classification and Summarization	Naïve Bayesian based EM algorithm	Compared with 13 baseline method and found to be better than those methods
3	Eirinaki and Pisal et al.	2011	Sentiment Analysis & Score	High Adjective count & Max	97% accuracy for

				for sentiment analysis	accuracy of CRF about 2.1% when combined with LHFS
9	Liu, Hu and Cheng	2005	Sentiment Analysis, classification & Product Ranking	Opinion Observer System	For Synonym grouping Precision is 100% & Recall is 57%
10	Hu and Wu	2009	Sentiment Classification and Summarization	Score Algorithm & Sentence Weight Classifier	Better performance as compared to the methods
11	Karkare and Gupta	2014	Classification & Product Rating	NLP & Data Mining Approach	Very Good Results
12	Juergen Bross	2013	Product Aspect Detection	Distant Supervision Approach	For Hotel dataset 81.5% precision and 74.7% recall; For camera: 76.6% precision & 74.1% recall
13	Nithya and Maheshwari	2014	Sentiment Analysis & Sentiment Classification	Naïve Bayes Supervised Learning Method	Good results in positive, negative and neutral comment identification
14	Mouthami and Nirmala Devi	2013	Sentiment Classification	Sentiment Fuzzy	Improved classification

	et al.			Classification algorithm	result on movie review dataset
15	Priyanka & Gupta	2013	Sentiment Analysis And Feature Extraction	Support Vector Machine	Accuracy obtained 92% and 95% for large and small dataset respectively
16	Wei and Ren et al.	2013	Feature and Sentiment analysis for working on Text Snippet	NLP tool and other two methods	Better Snippet generation and feature identification technique
17	Li and Han et al.	2010	Summarization of overall comments present	Machine Learning Framework based of CRF i.e. Conditional Random Format	Precision, Recall and F-measure for Movie review is 82.6%, 76.2% & for Product review are 86.6%, 69.3%,77%
18	Jindal and Liu	2006	Identification of comparative sentence in text document	class sequential rule (CSR) mining and machine learning	precision is 79% and recall is 81%

19	Shariaty and Moghaddam	2011	Sentiment analysis and Aspect extraction and enhancement of Accuracy for above stated problem	Conditional Random Fields {CRF}	Improved Accuracy as compared to other techniques
20	Rustamov and Mustafayev et al.	2013	Sentiment Classification	Hybrid approach of Neuro Fuzzy Models (ANFIS) and HMM	Two single components (Neuro Fuzzy and HMM) separately gave 82-83% Accuracy whereas Hybrid Accuracy is 84%
21	Yu and Zha et al.	2011	Aspect Sentiment Classification	SVM Classifier	F-1 Measure 5.87% more than Hu's and 3.27% than Wu's method

2.5 Trabalhos relacionados com o Lexicon Matching

Tem sido feito muito trabalho sobre a tarefa de modelação do léxico utilizando várias técnicas [21-28]. As técnicas utilizadas nas investigações anteriores foram métodos de aprendizagem supervisionados, não supervisionados e semi-supervisionados.

Um desafio comum para a aplicação de métodos de aprendizagem semi-supervisionada aos Campos Aleatórios Condicionais é o facto de as sequências de estados completos estarem ocultas para dados não rotulados. Uma vez que os campos aleatórios condicionais têm um objetivo de máxima verosimilhança condicional, o algoritmo de maximização da expetativa (EM) utilizado nos modelos generativos não é diretamente útil. Para resolver este problema, o algoritmo de minimização da entropia, proposto por T. Grenager [21] e depois desenvolvido para Campos Aleatórios Condicionais por Jiao Li [22], tem como objetivo maximizar a

O objetivo é otimizar a probabilidade condicional dos dados rotulados e minimizar a entropia condicional [23] dos dados não rotulados. Uma outra abordagem, designada por JESS-CM [24], incorpora um modelo generativo (HMMs) na estrutura CRF com um objetivo que pode ser optimizado iterativamente. Os campos aleatórios semi-condicionais são muito mais semelhantes aos HMMs aninhados [25], que também podem ser treinados facilmente como em [26]. A principal diferença é que o "modelo interno" para os semi-CRFs é de segmentos mais curtos, uniformemente rotulados com algumas propriedades não markovianas, enquanto os HMMs aninhados permitem "segmentos" mais longos, diversamente rotulados e markovianos. Com uma arquitetura de rede adequada, as CRFs dinâmicas [27] podem ser utilizadas para implementar as semi-CRFs.

Outra abordagem para o modelo não markoviano utilizado para NER são as redes relacionais de Markov, geralmente designadas por RMNs, utilizadas em [28]. No entanto, tanto nas CRF dinâmicas como nas RMN, é efectuado um grande número de aproximações para o treino e a classificação, porque a inferência não é tratável. Por conseguinte, coloca-se a questão de saber se a extensão da inferência das CRFs considerada neste trabalho pode ser utilizada para melhorar os métodos de inferência das CRFs dinâmicas ou das RMNs. Num trabalho recente [29], Cohen e Sarawagi investigaram os métodos de aprendizagem semi-Markov para NER com base num algoritmo de treino de perceptrão votado [30]. Liu e Li et al. utilizaram um modelo generativo [31] para extrair padrões dos registos de consultas utilizando sementes de léxico conhecidas e descobriram novos elementos do léxico utilizando os padrões aprendidos. Para a ponderação do léxico, propuseram duas abordagens baseadas em modelos generativos e discriminativos para aprender a importância relativa dos elementos do léxico a partir das estatísticas de cliques dos utilizadores. As experiências com consultas de texto em vários domínios mostram que a sua técnica de modelação do léxico melhorou significativamente o desempenho da marcação semântica.

Num trabalho, Li e Wang, centraram-se num método de aprendizagem semi-supervisionada para CRFs [32] que utilizava duas fontes de dados: (1) uma pequena quantidade de consultas rotuladas manualmente e (2) uma grande quantidade de consultas em que alguns tokens de palavras têm rótulos derivados, ou seja, informações de rótulos obtidas automaticamente de recursos adicionais. Apresentaram dois princípios para a codificação de informações de etiquetas derivadas num modelo CRF. Essas informações são consideradas como provas concretas num dos casos e como provas não concretas no outro. Para além da metodologia geral de utilização de etiquetas derivadas em CRF semi-supervisionadas, apresentaram também um método prático para as obter, tirando partido dos dados de cliques dos utilizadores e de uma base de dados no domínio que contém documentos estruturados.

Wang e Hoffman et al. investigaram algoritmos de aprendizagem semi-supervisionada [33] que utilizam dados estruturados (listas HTML) da Web para gerar automaticamente léxicos de classe semântica, que são utilizados para melhorar o desempenho da marcação de consultas. O seu principal objetivo era compreender os objectivos correctos dos algoritmos de aprendizagem semi-supervisionada do léxico, que são cruciais para o êxito da marcação de consultas. Os trabalhos anteriores centraram-se especificamente na melhoria da precisão da tarefa de marcação de consultas, mas mostraram que a precisão não é assim tão importante se os léxicos forem utilizados para a marcação de consultas. Os resultados experimentais em consultas sobre produtos de retalho mostram que o reforço de um etiquetador de consultas com léxicos aprendidos com este objetivo reduz os erros de etiquetagem ao nível das palavras até 25% em comparação com o etiquetador de base que não utiliza quaisquer características léxicas. Além disso, o método proposto é superior a um método em que os léxicos de classe semântica foram extraídos de uma base de dados.

Geralmente, as semi-CRFs são a versão treinada condicionalmente das cadeias semi-Markov. Assim, Sarawagi e Cohen, na sua experiência, apresentaram um método de inferência e de aprendizagem para as semi-CRFs [34] e propuseram que os segmentos têm frequentemente um significado intuitivo claro, pelo que as semi-CRFs são mais naturais do que as CRFs convencionais.

3. Correspondência de léxico usando HMM e método de agrupamento difuso

3.1 Agrupamento K-Means

O agrupamento K-means é uma das formas de aprendizagem não supervisionada utilizada para a análise de texto. O termo "*não supervisionada*" refere-se à compreensão da estrutura dos dados subjacentes, sem tentar otimizar para um critério específico e pré-rotulado (como a criação de um modelo preditivo para conversão). A aprendizagem não supervisionada é utilizada na análise exploratória. A análise exploratória trata de poucos pressupostos que estão a ser aplicados aos dados pelo analista. Inicialmente, são determinadas e analisadas relações não examinadas; em contrapartida, o analista especifica algumas relações pré-definidas (como *visitantes de telemóveis* ou *visitantes de redes sociais*) e, em seguida, identifica alguns parâmetros que indicam a diferença entre outras métricas e todos estes grupos pré-definidos.

O K-means é um dos algoritmos de aprendizagem não supervisionada mais simples que é utilizado para resolver facilmente os problemas bem conhecidos relacionados com a agregação. No entanto, o procedimento seguido pelo K-means é muito simples e fácil de formar agrupamentos de um dado dado, assumindo inicialmente um determinado número de agrupamentos (assumir k agrupamentos). Este pressuposto relativo ao número de clusters baseia-se num apriori fixo. A ideia principal subjacente ao algoritmo de agregação K-means consiste em definir (assumir) um número k de centróides, cada centróide para um agregado. A escolha dos centróides é um pouco difícil, uma vez que as diferentes localizações produzem resultados diferentes. Uma boa opção é manter os centróides o mais afastados possível dos centróides de outros clusters.

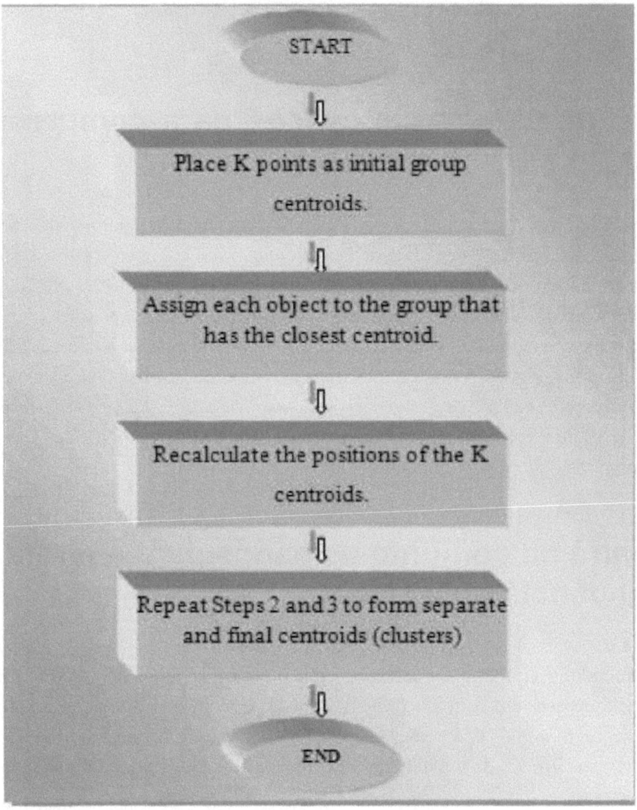

Figura 3.1 Fluxograma do algoritmo K-means

Embora o algoritmo de agrupamento k-means não forneça a configuração mais óptima. O algoritmo é sensível à seleção inicial dos centros de agrupamento, que são escolhidos aleatoriamente. Assim, para reduzir este efeito, o algoritmo de agrupamento K-Means deve ser executado várias vezes. A figura 3.1 mostra o processo principal seguido pelo algoritmo de agrupamento K-Means.

3.2 Agrupamento de palavras-chave de pesquisa utilizando K-Means Clustering

Uma das ideias-chave da análise digital é compreender o que os utilizadores estão a tentar alcançar. A forma mais fácil de o fazer é analisar as palavras utilizadas pelo utilizador para chegar ao sítio Web, ou seja, as palavras-chave de pesquisa, e as palavras que são utilizadas quando estão no sítio (pesquisa no local). Embora o Google tenha dificultado muito a análise das palavras-chave de pesquisa nos últimos anos (devido ao facto de passar a utilizar "(não fornecido)" em vez das palavras-chave reais), podem ser criados segmentos de intenção do cliente com base nas palavras-chave passadas recentemente, utilizando o agrupamento não supervisionado.

3.3 Correspondência de léxicos para compreensão de consultas

Existem algumas limitações em relação à correspondência exacta de qualquer texto. Por exemplo, um léxico recolhido de uma base de dados de hotéis contém um elemento "Olive Garden Hotel and Restaurant", mas quando um utilizador o consulta pode ser referido como "Olive Garden Hotel" ou "Olive Garden restaurant". Não pode ser identificado utilizando a correspondência exacta, uma vez que a forma superficial das entidades nas consultas dos utilizadores pode não ser a mesma que no léxico atual. Além disso, é possível que o utilizador pergunte por muitos nomes de restaurantes que podem não estar presentes na base de dados. Este livro explica como os léxicos pré-colectados podem ser melhor utilizados através de uma abordagem difusa e de HMM, e como estes léxicos podem ser expandidos automaticamente com um contexto mais significativo.

3.4 Amostra de conjunto de dados para a tarefa de correspondência de léxico

Para obter o resultado, o conjunto de dados de amostra que retirámos da Internet é o conjunto de dados *da Reuter*, que está em formato de texto (.*txt). O conjunto de dados é constituído por 5 ficheiros de léxicos com nomes de Pessoas, Locais, Organização, Intercâmbio e Tópicos. O conjunto de dados utilizado para efeitos de treino e teste é constituído por cerca de 900 parágrafos de texto.

Estes parágrafos de texto, como se mostra a seguir, podem ser utilizados de forma variável para o treino do nosso modelo, ou seja, podemos variar o número de parágrafos de texto utilizados para o treino do modelo proposto para obter o desempenho adequado. Este parágrafo de texto contém etiquetas HTML que ajudam a identificar o léxico que ocorreu na consulta de entrada do utilizador. Algumas das etiquetas são *<TEXT>, <TITLE>, <DATELINE>,* etc. Por exemplo, a etiqueta *<BODY> </BODY>* é útil para a nossa codificação MATLAB para identificar a localização inicial e final de qualquer novo parágrafo. Para o treino, todo o ficheiro de texto (que no nosso sistema se chama reut.txt) é lido ou uma parte (rácio definido para efeitos de treino) é analisada e os léxicos são guardados.

Estes léxicos são processados como se refere na secção de procedimentos seguinte e na figura 3.2, sendo depois guardados sob a forma de vectores. Estes léxicos guardados são depois comparados com o léxico que ocorre na consulta de entrada dada pelo utilizador sob a forma de sugestão. O nosso sistema também é capaz de fornecer todas as sugestões solicitadas pelo utilizador. Estas sugestões podem ser extraídas com a ajuda da formação do HMM, bem como através da abordagem de agrupamento Fuzzy K-means. Ambos fornecem resultados variáveis consoante a sua formação e o seu desempenho também varia em conformidade. Verificámos que o HMM teve um melhor desempenho em comparação com o método de agrupamento difuso.

3.5 Procedimento para a tarefa de correspondência de léxicos

Para o treino do HMM relativo ao Lexicon Matching, o número total de ficheiros (do conjunto de dados retirado do ficheiro de texto da Reuter) é selecionado para efeitos de treino. Dispomos de um máximo de 900 ficheiros para efeitos de treino e teste do modelo proposto. O conjunto de dados diz respeito a diferentes empresas, que consistem em léxicos. Um léxico é um dicionário que contém uma lista de nomes de entidades agrupadas. Em primeiro lugar, é feita a contagem e a leitura dos ficheiros para treino. Por exemplo

```
org_data = textread ('data\orgs.lc.txt','%s');
```

A linha anterior mostra como os dados da organização são lidos utilizando a função "textread". A criação de vectores para entidades/string como organização, local, pessoas, tópico, intercâmbio que existe nesse ficheiro é então feita. O conjunto de dados já contém as pastas predefinidas para os nomes destas entidades de organização, local, pessoas, tópico e intercâmbio. Inicialmente, todos os vectores são iniciados a 0 e procuramos qualquer cadeia de entrada que esteja presente e que corresponda a todos os nomes das entidades. Por exemplo, se place_vector for 0 e a consulta de entrada contiver o nome de qualquer lugar, então o tamanho do place_vector aumenta gradualmente e quaisquer *lugares* que sejam encontrados aumentarão a contagem desse vetor. Desta forma, podemos saber quantas vezes uma palavra relacionada com um local aparece nesta consulta de entrada. Após a criação de vectores para todas as entidades, são determinadas funções essenciais como SYMBOLS, STATES e SEQUENCE para estimar a probabilidade de emissão e de transição. Após o processo de treino do HMM, é efectuado um processo de pesquisa para obter o resultado pretendido. Neste processo, a consulta que é fornecida como entrada devolve o ficheiro semelhante como sugestão cuja probabilidade de emissão é a mais próxima. O procedimento para a criação do vetor da consulta de entrada é semelhante ao utilizado na formação do HMM, de modo a que os vectores de entrada e de corrente sejam comparados. Mais uma vez, a probabilidade de emissão e de transição é avaliada e a distância mínima entre a probabilidade de emissão atual e a anterior é calculada com a ajuda da seguinte função MATLAB.

```
<DATE>26-FEB-1987 15:01:01.79</DATE>
<TOPICS><D>cocoa</D></TOPICS>
<PLACES><D>el-Salvador</D><D>usa</D><D> Uruguay</D></PLACES>
<PEOPLE></PEOPLE>
<ORGS></ORGS>
<EXCHANGES></EXCHANGES>
<COMPANIES></COMPANIES>
<UNKNOWN>
&#5; &#5; &#5; C T
<TITLE>BAHIA COCOA REVIEW</TITLE>
<DATELINE>    SALVADOR, Feb 26 - </DATELINE><BODY>Showers continued throughout the week in
the Bahia cocoa zone, alleviating the drought since early
January and improving prospects for the coming temporao,
although normal humidity levels have not been restored,
Comissaria Smith said in its weekly review.
</TEXT>&# ></BODY>
```

Figura 3.2. Amostra do conjunto de dados de Reuter para a tarefa de correspondência de léxicos

"rel_dist = squareform (pdist (EMIS))"

Por fim, a distância mínima entre as probabilidades de emissão dos ficheiros treinados e a consulta de entrada dará a sugestão que corresponde mais à consulta de entrada.

Tabela 3.1. Variáveis na correspondência de léxicos utilizando o modelo de Markov oculto

S.NO	Variables	Corresponding Entities
1	sug_quar_str	Suggested query string
2	sug_quar_num	Suggested query number
3	org_data	Vector for all organization names in the file to be tested
4	topics_data	Vector for all topics names in the file to be tested
5	exchanges_data	Vector for all exchanges names in the file to be tested

6	people_data	Vector for all people names in the file to be tested
7	vectors _1	Overall vectors stored for all entities like organization, places, people, exchange and topics
8	training_time	Time to train the proposed model
9	search_time	Time to search the input query entities into the trained file
10	Emis()	Emission probability for given state, sequence and symbols
11	Trans()	Transition probability for given state, sequence and symbols

3.6 Arquitetura básica do método de agrupamento Fuzzy

O método Fuzzy Clustering é um dos métodos mais fáceis para calcular os grupos ou para qualquer tipo de método de classificação. A agregação difusa baseia-se numa abordagem difusa, ou seja, a lógica difusa é uma das lógicas de muitos valores que fornece um raciocínio aproximado a uma consulta efectuada pelo utilizador, em vez de um raciocínio fixo e exato. A variável lógica difusa é diferente da variável lógica binária tradicional, uma vez que fornece um valor de verdade que varia entre 0 e 1 grau, enquanto a variável lógica binária tradicional pode ser verdadeira ou falsa.

O agrupamento é o processo de formação de grupos mais pequenos de dados semelhantes, conhecidos como clusters. O algoritmo de agrupamento K-means é o método de quantização de vectores, muito popular para a análise de agrupamentos no domínio da extração de dados. O objetivo do algoritmo de agregação K-means é dividir os dados em k agregados, em que cada ponto de dados pertence ao agregado com a sua média mais próxima e serve de protótipo do agregado. O documento de texto ou as imagens utilizados para efeitos de agrupamento são identificados e separados por palavras-chave. Após esta identificação, os vectores de características são criados e o cálculo da semelhança é efectuado para ambos os documentos de texto de entrada em vários clusters e, em seguida, são formados vários clusters para os documentos de saída. A representação esquemática da sua arquitetura é mostrada na figura 3.3.

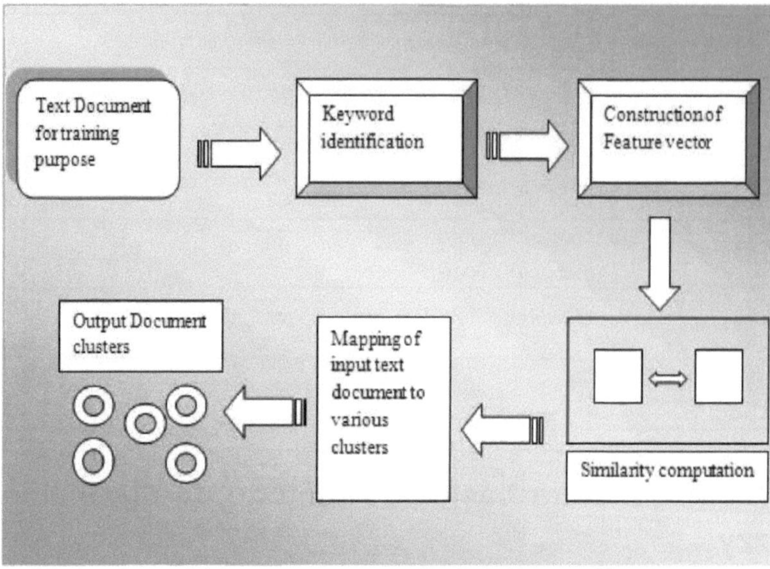

Figura 3.3. Arquitetura básica para a correspondência de léxicos utilizando o agrupamento Fuzzy K-Means

3.7 Correspondência de léxicos utilizando Fuzzy K-Means Clustering

O agrupamento de dados é o processo de partição dos elementos de dados em clusters ou classes, de modo a formar um grupo de itens semelhantes dentro da mesma classe. Existem diferentes medidas de semelhança baseadas na natureza dos dados e no objetivo da criação de agrupamentos, por exemplo, com base na distância, conetividade e intensidade dos pontos de dados. Os algoritmos de agrupamento rígido formam agrupamentos distintos, em que cada ponto de dados é mapeado exatamente para um agrupamento.

O agrupamento difuso é também referido como agrupamento suave (soft clustering), em que os dados podem ser mapeados para mais do que um agrupamento. O elemento de dados é associado a cada elemento e define um conjunto de níveis de associação. Estes indicam a força da associação entre os elementos de dados e um determinado agrupamento. Para efeitos de treino e teste do modelo proposto, é utilizado um conjunto de cerca de 900 ficheiros. Para treinar o sistema utilizando a abordagem difusa, começa-se por ler o número total de ficheiros presentes no conjunto de dados Reuters para efeitos de treino. Por exemplo

```
lugares_dados = textread ('dados\lugares.lc.txt','%s');
```

A linha acima mostra como os dados da organização são lidos utilizando a função "textread". Em seguida, é feita a criação de vectores para entidades/cordas como organização, local, pessoas, tópico, intercâmbio que existem nesse ficheiro. O conjunto de dados já contém as pastas predefinidas para os nomes destas entidades de organização, local, pessoas, tópico e intercâmbio. Inicialmente, todos os vectores são iniciados a 0 e procuramos qualquer cadeia de entrada que esteja presente e que corresponda a todos os nomes das entidades. Após o processo de formação, é efectuado o processo de pesquisa. Neste processo de pesquisa, a consulta fornecida como entrada devolve o ficheiro semelhante como sugestão, com base na comparação dos vectores criados com o valor do centróide dos clusters. Não é necessária qualquer alteração nos léxicos originais. O custo de computação é a principal desvantagem deste modelo. A correspondência exacta da consulta é difícil de obter utilizando a abordagem difusa, mas é possível prever um resultado ótimo. No entanto, para a correspondência difusa, um segmento de uma consulta do utilizador é comparado com cada elemento do léxico que tenha uma palavra que se sobreponha ao segmento. Quando é dado um segmento, o cálculo de uma palavra que é muito comum num léxico torna-se mais dispendioso numa operação em linha.

Tabela 3.2. Variáveis na correspondência do léxico utilizando a abordagem de agrupamento Fuzzy K Means

S.NO	PARAMETERS	DESCRIPTION
1	sug_quar_str	Suggested query string
2	sug_quar_num	Suggested query number
3	org_vector_1	Vector for all organization names in the file to be tested
4	topics_vector_1	Vector for all topics names in the file to be tested
5	exchanges_vector_1	Vector for all exchanges names in the file to be tested
6	people_vector_1	Vector for all people names in the file to be tested
7	vectors (i)	Overall vectors stored for all entities like organization, places, people, exchange and topics
8	training_time	Time to train the proposed model
9	search_time	Time to search the input query entities into the trained file
10	C.mat	Centroid values saved in the form of matrix
11	IDX.mat	Values of IDX matrix

4. Resultados experimentais e discussões

Os resultados obtidos pelo sistema de análise de sentimentos baseado em HMM e pelo sistema de correspondência de léxicos são bastante satisfatórios. Para a primeira parte, ou seja, para a análise de sentimentos, é utilizado o HMM, mas para a correspondência de léxicos, é também implementado o método de agrupamento Fuzzy K-Means. A secção 4.1 apresenta os resultados obtidos para o sistema de análise de sentimentos e fornece pormenores sobre os resultados da tarefa de correspondência de léxicos através do HMM, bem como uma comparação de ambos os métodos sob a forma de gráficos.

As experiências são efectuadas com base nas opiniões dos clientes sobre diferentes categorias de produtos (câmara digital, telemóvel, computador portátil, sistema de música, etc.) extraídas da Amazon.com. São calculadas medidas de desempenho como a exatidão, a precisão, a recuperação e a medida F para analisar a correspondência dos léxicos nas críticas dos clientes com base no HMM.

4.1 Resultados da correspondência de léxicos utilizando HMM e Fuzzy K-Means Clustering

Nesta tarefa, o HMM foi utilizado para obter a sugestão relacionada com uma determinada consulta de entrada. Esta tarefa é efectuada através da correspondência de léxicos. O sistema é treinado para que, quando é dada uma consulta, procure todo o ficheiro de léxico e devolva a sugestão mais relacionada com a entrada. Esta comparação é feita através da formação dos vectores dos léxicos presentes no conjunto de dados, avaliando a probabilidade de emissão do HMM. É efectuada uma tarefa semelhante utilizando uma abordagem difusa (técnica de agrupamento K-Means). Os resultados são comparados com a abordagem de agrupamento difuso. Observa-se que todas as medidas de desempenho em função do tamanho do conjunto de dados são melhores para o HMM. A comparação de várias quantidades entre o HMM e a abordagem difusa é apresentada sob a forma de gráfico.

4.1.1 Precisão Vs Tamanho da base de dados

A precisão é definida como a exatidão da quantidade medida e está relacionada com os erros aleatórios. A figura 4.1 compara a precisão do HMM com o método de agrupamento difuso em função do tamanho da base de dados. Isto significa que, para uma parte específica do ficheiro do conjunto de dados (ficheiro reut.txt com cerca de 900 parágrafos de texto que contêm léxicos), a precisão de ambos os métodos é comparada e depois apresentada no gráfico.

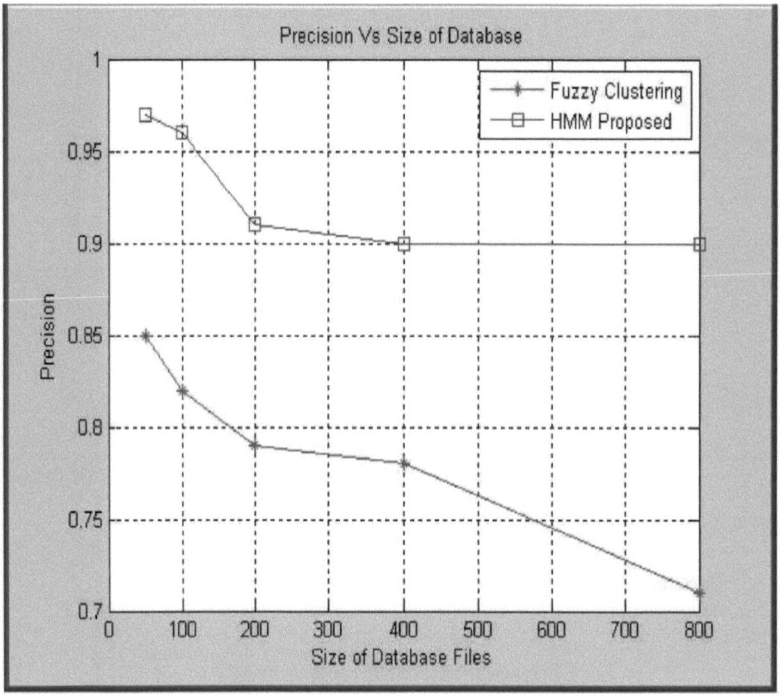

Figura 4.1. Comparação da precisão com o tamanho da base de dados

4.1.2 Recuperação versus tamanho da base de dados

A recuperação refere-se à exaustividade da quantidade medida em comparação com o valor padrão. A linha azul no gráfico 4.2 mostra os valores de recuperação para o HMM e a linha vermelha para o método Fuzzy Clustering. A comparação do valor de recuperação com o tamanho da base de dados é bastante satisfatória para o HMM. Para o HMM e o Fuzzy Clustering, o valor máximo de recuperação é de 94% e 88%, respetivamente. Ao aumentar o tamanho da base de dados (para treino) para um máximo de cerca de 800 ficheiros, o valor de recuperação revela uma descida de 78% e 65%, aproximadamente, para o método HMM e Fuzzy Clustering, respetivamente.

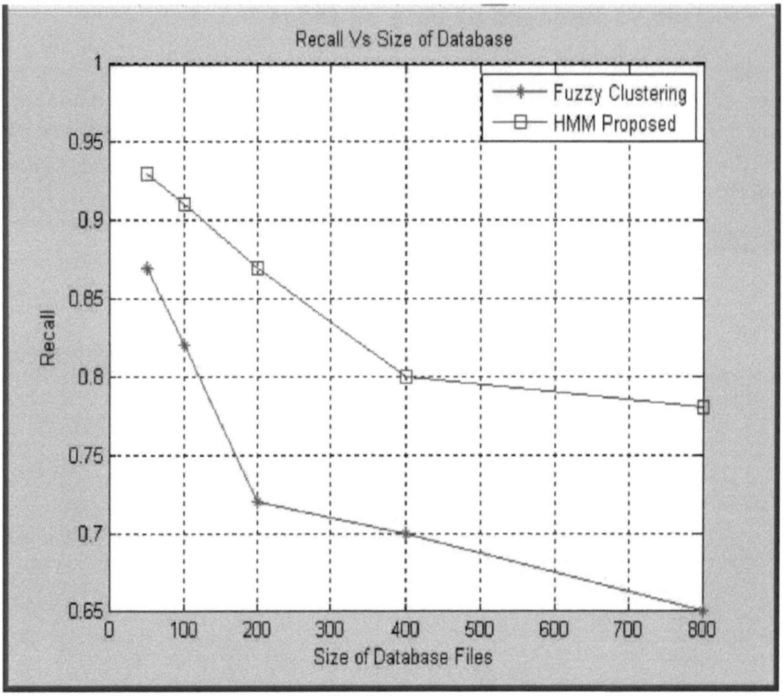

Figura 4.2 Comparação da recuperação com o tamanho da base de dados

4.1.3 F-Measure Vs Tamanho da base de dados

F-Measure é dado por

2*Precisão*Recall/(Precisão + Recall)

Para menos de 100 ficheiros do conjunto de dados utilizados para efeitos de treino, a medida F foi de 95% e 84% para o HMM e o método de agrupamento difuso, respetivamente, e é apresentada na Figura 4.3. No caso do treino do conjunto de dados em tamanho real, a medida F foi de aproximadamente 84% e 66% para ambos os métodos. Observa-se que as medidas de desempenho diminuem gradualmente no caso do HMM, mas o desempenho diminui subitamente quando se aumenta o tamanho da base de dados para treino.

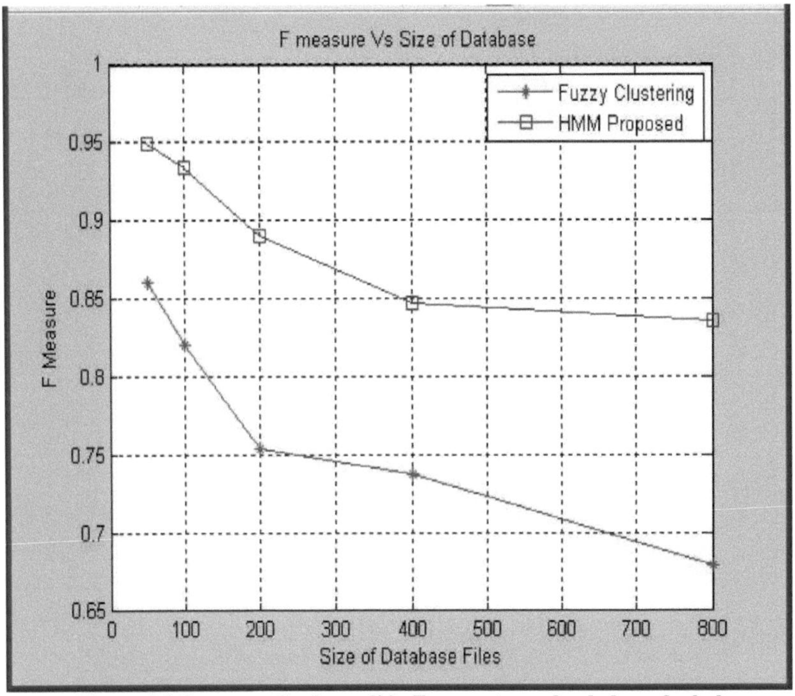

Figura 4.3 Comparação da medida F com o tamanho da base de dados

4.1.4 Tempo de treino Vs tamanho da base de dados

A tarefa de correspondência de léxicos consiste no treino do modelo proposto. Na tarefa de correspondência de léxico, utilizámos uma função MATLAB que calcula o tempo necessário para o processo de formação. Este tempo de treino para os métodos HMM e Fuzzy Clustering é apresentado na figura 4.4.

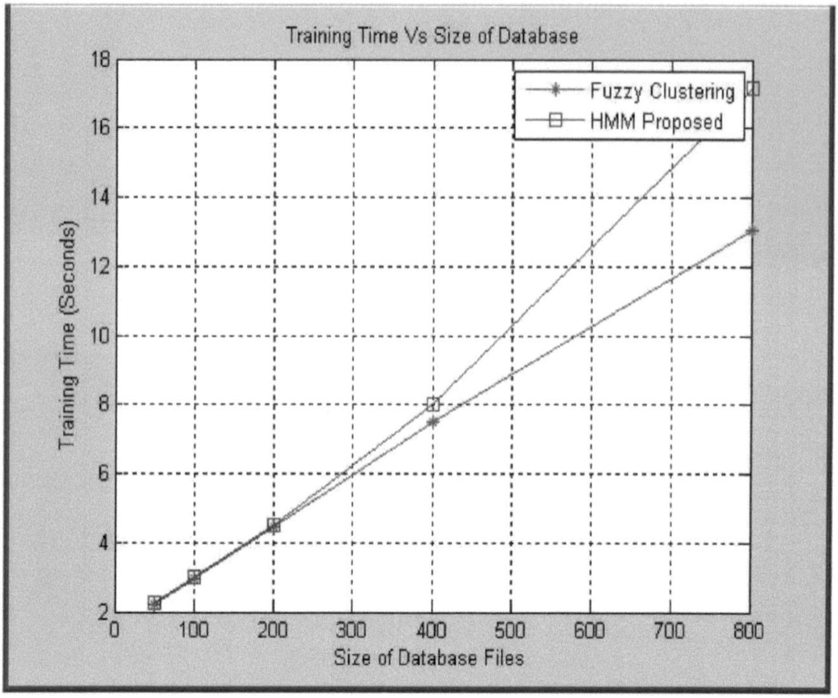

Figura 4.4 Comparação do tempo de treino com o tamanho da base de dados

4.1.5 Tempo de pesquisa versus tamanho da base de dados

O tempo de pesquisa é definido como o tempo que o modelo proposto demora a pesquisar os léxicos indicados na consulta de entrada que está presente no ficheiro de texto do conjunto de dados. O léxico que ocorre na consulta do utilizador é identificado pelo sistema depois de treinado e é depois procurado no conjunto de dados presente no dicionário de léxico. Este tempo de pesquisa, tanto para o HMM como para o método de agrupamento difuso, está representado na figura 4.5.

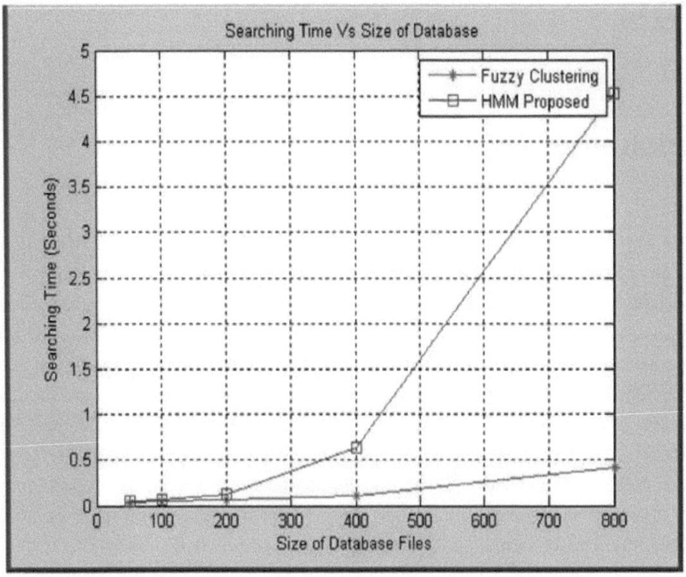

Figura 4.5 Comparação do tempo de pesquisa com o tamanho da base de dados

5. Conclusões e futuro Obras

5.1 Conclusão

O sistema de correspondência de léxicos baseado em HMM ajudará a analisar a opinião dos comentários dos clientes em linha e a obter sugestões relacionadas com a consulta de entrada do utilizador, respetivamente. O objetivo deste sistema é fornecer um resultado baseado na opinião de um grande número de opiniões de clientes com base em léxicos para os produtos que são vendidos em linha, enquanto o sistema de correspondência de léxicos fornecerá sugestões de acordo com a consulta fornecida pelo utilizador com base na correspondência dos léxicos. Este modelo revela-se muito útil para os utilizadores da Internet. Mas, para mostrar a eficácia deste modelo de correspondência de léxicos baseado no HMM, foi comparado com o método Fuzzy K-means Clustering para treinar e testar dados. De acordo com a observação, o HMM proporciona um melhor desempenho. Os resultados experimentais indicam que a técnica proposta (teste e treino de HMM) é muito prometedora no desempenho da sua tarefa de correspondência de léxico. O trabalho global tem por objetivo fazer corresponder os léxicos obtidos a partir da consulta aos léxicos recolhidos. Quando a correspondência ocorre, a pesquisa da consulta do cliente é concluída e, quando a correspondência não é encontrada, os novos léxicos obtidos são adicionados ao dicionário de léxicos. O trabalho experimental é efectuado com a ajuda do MATLAB.

5.2 Trabalho futuro

Os resultados da tarefa de correspondência de léxico por HMM são bastante satisfatórios e podem ser melhorados utilizando também outras técnicas. O estudo efectuado neste trabalho abriu várias perspectivas de investigação futuras fascinantes e altamente desejáveis. Além disso, estas tarefas podem ser desenvolvidas utilizando um grande conjunto de dados. No futuro, a melhoria e o refinamento das técnicas e a resolução dos problemas pendentes da extração de características e da sumarização também podem ser feitos. No caso da tarefa de correspondência de léxicos, podem ser utilizados recursos externos como a Wikipédia para treinar automaticamente os dados para a aprendizagem e a ponderação dos léxicos.

Referências

[1] M. Hu e B. Liu, "Mining and Summarizing Customer Reviews", Actas da Décima ACM SIGKDD, Conferência Internacional sobre Descoberta de Conhecimento e Extração de Dados, 2004.

[2] Z. Zhai, B. Liu, H. Xu, e P. Jia, "Clustering Product Features for Opinion Mining", WSDM'11, Hong Kong, China, 9-12 de fevereiro de 2011.

[3] M. Eirinaki, S. Pisal e J. Singh, "Feature Based Opinion Mining and Ranking", Journal of Computer and System Sciences, julho de 2009.

[4] A. Kar e D. P. Mandal, "Finding Opinion Strength Using Fuzzy Logic on Web Reviews", International Journal of Engineering and Industries, Vol. 2, março, 2011.

[5] A. Popescu e O. Etzioni, "Extracting Product Features and Opinions from Reviews", Association for Computational Linguistic, Stroudsburg, PA, U.S.A., 2005.

[6] S. Aravindan e A. Ekbal, "Feature Extraction and Opinion Mining in Online Product Reviews", Conferência Internacional sobre Tecnologia da Informação (ICIT), Bhubaneswar, Orissa, 22-24 de dezembro de 2014.

[7] Indhuja K e Reghu raj P C, "Fuzzy Logic Based Sentiment Analysis of Product Review Documents", Actas da Primeira Conferência Internacional de 2014 sobre Sistemas Computacionais e Comunicações (ICCSC), Trivandrum, 17-18

dezembro de 2014.

[8] J. Zhu, "CRF Based on LHFS Applied on Sentiment Classification", Conferência Internacional sobre Ciência da Computação e Engenharia Eletrónica, pg 217-219, Hangzhou, 23-25 de março de 2012.

[9] B. Liu, M. Hu e J. Cheng, "Opinion Observer: Analyzing and Comparing Opinions on the Web", WWW'05, Chiba, Japão, 10-14 de maio de 2005.

[10] X. Hu e B. Wu, "Classification and Summarization of Pros and Cons for Customers Review", International Joint Conferences on Web Intelligence and Intelligent Agent Technologies, Milão, Itália, 15-18 de setembro de 2009.

[11]V. Karkare e Dr. S. R. Gupta, "Product Evaluation using Mining and Rating Opinions of Product Features", Conferência Internacional sobre Sistemas Electrónicos, Sinal

Processing and Computing Technologies, Nagpur, 9-11 de janeiro de 2014.

[12]Juergen Bross, "A Distant Supervision Method for Product Aspect Extraction from Customer Reviews", IEEE Seventh International Conference on Semantic Computing, Irvine, C.A., 16-18 de setembro de 2013.

[13]Sra. R. Nithya e Dr. D. Maheswari, "Sentiment Analysis on Unstructured Review", Conferência Internacional sobre Aplicações de Computação Inteligente, Coimbatore, 6-7 de março de 2014.

[14]K. Mouthami, K. Nirmala Devi e Dr. V. Murali Bhaskaran, "Sentiment Analysis and Classification Based on Textual Reviews", Conferência Internacional sobre Comunicação de Informação e Sistemas Integrados, Chennai, 21-22 de fevereiro de 2013.

[15]Priyanka C. e D. Gupta, "Identifying the Best Feature Combination for Sentiment Analysis of Customer Reviews" (Identificar a melhor combinação de características para a análise de sentimentos das críticas dos clientes), Conferência Internacional sobre os avanços na computação, comunicações e informática, Mysore, 22-25 de agosto de 2013.

[16]Q. Wei, M. Ren, J. Lei e J. Zhang, "How Can Product Text Snippets Benefit from Online Customer Reviews?", 2014.

[17]F. Li, C. Han, M. Huang, X. Zhu, Y. Xia, S. Zhang e H. Yu, "Structure Aware Review Mining and Summarization", Actas da 23.ª Conferência Internacional sobre Linguística Computacional, páginas 653-661, Pequim, agosto de 2010.

[18]N. Jindal e B. Liu, "Identifying Comparative Sentences in Text Documents", Actas da 29.ª conferência internacional anual ACM SIGIR sobre investigação e desenvolvimento em recuperação de informação, Seattle, Washington, EUA, 6-10 de agosto de 2006.

[19]S. Shariaty e S. Moghaddam, "Fine-Grained Opinion Mining using Conditional Random Fields", 11.ª Conferência Internacional do IEEE sobre Workshops de Extração de Dados, Vancouver, Canadá, 2011.

[20]S. Rustamov, E. Mustafayev, M. A. Clements, "An Application of Hidden Markov Models in Subjectivity Analysis", Proceedings of Application of Information & Communication Technologies (AICT), pg 1-4, Baku, 23-25 Out, 2013.

[21] T. Grenager, D. Klein e C. Manning, "Unsupervised Learning Of Field Segmentation Models for Information Extraction", Actas da 43ª Reunião Anual da ACL, páginas 371-378, Ann Arbor, junho de 2005.

[22] Y. Grandvalet e Y. Bengio, "Semi-Supervised Learning by Entropy Minimization" In Advances in Neural Information Processing Systems, página 529-536, maio de 2004.

[23] J. Yu, Z. Zha, M. Wang e T. S. Chua, "Aspect Ranking: Identifying Important Product Aspects from Online Consumer Reviews", Proceedings of the 49th Annual Meeting of the Association for Computational Linguistics Portland, Oregon, June 1924, 2011.

[24] J. Suzuki e H. Isozaki, "Semi-Supervised Sequential Labeling and Segmentation Using Giga-Word Scale Unlabeled Data", Actas da 46.ª Reunião Anual da ACL: Human Language Technologies, páginas 665-673, 2008.

[25] F. Jiao, S. Wang, C.-H. Lee, R. Greiner e D. Schuurmans, "Semi-Supervised Conditional Random Fields for Improved Sequence Segmentation and Labeling", Actas da 21.ª Conferência Internacional sobre Linguística Computacional e da 44.ath Reunião Anual da ACL, páginas 209-216, Sydney, 2006

[26] V. R. Borkar, K. Deshmukh, e S. Sarawagi, "Automatic Text Segmentation for Extracting Structured Records", Actas da ACM, SIGMOD, Conferência Internacional sobre Gestão de Dados, Santa Barabara, EUA, 2001.

[27] M. Skounakis, M. Craven e S. Ray, "Hierarchical Hidden Markov Models for Information Extraction", Actas da 18ª Conferência Internacional Conjunta sobre Inteligência Artificial, Acapulco, México, 2003.

[28] W. W. Cohen e S. Sarawagi, "Exploiting Dictionaries in Named Entity Extraction: Combining Semi-Markov Extraction Processes and Data Integration Methods", Proceedings of the Tenth ACM SIGKDD, International Conference on Knowledge Discovery and Data Mining, 2004.

[29] J. Liu, X. Li, A. Acero e Y. Y. Wang, "Lexicon Modeling for Query Understanding, Actas do ICASSP, IEEE, Praga, 22-27 de maio de 2011.

[30] C. Sutton, K. Rohanimanesh e A. McCallum, "Dynamic Conditional Random Fields: Factorized Probabilistic Models for Labeling And Segmenting Sequence Data", Proceedings of ICML, 2004.

[31] R. Bunescu e R. J. Mooney, "Relational Markov Networks for Collective Information

Extraction", Actas do ICML-2004: Workshop on Statistical Relational Learning (SRL-2004), Banff, Canadá, julho de 2004.

[32] M. Collins, "Discriminative Training Methods for Hidden Markov Models: Theory and Experiments with Perceptron Algorithm", Proceedings of Empirical Methods in Natural Language Processing (EMNLP), Edmonton, Canadá, 31 de maio de 2002.

[33] Y. Y. Wang, R. Hoffmann, X. Li e J. Szymanski, "Semi-supervised Learning of Semantic Classes for Query Understanding - from the Web and for the Web", Actas do CIKM'09, 2-6 de novembro de 2009.

[34] S. Sarawagi e W. W. Cohen, "Semi-Markov Conditional Random Fields for Information Extraction", Proceedings of Advances in Neural Information Processing Systems 17, 2004.

MIX
Papier aus verantwortungsvollen Quellen
Paper from responsible sources
FSC® C105338

Printed by Books on Demand GmbH, Norderstedt / Germany